Impressum
Verlag: BABADADA GmbH, Nedderfeld 112 , 22529 Hamburg
Geschäftsführer / Verlagsleitung: Harald Hof
Druck: Books on Demand GmbH, In de Tarpen 42, 22848 Norderstedt

Imprint
Publisher: BABADADA GmbH, Nedderfeld 112 , 22529 Hamburg, Germany
Managing Director / Publishing direction: Harald Hof
Print: Books on Demand GmbH, In de Tarpen 42, 22848 Norderstedt, Germany

škola

школа

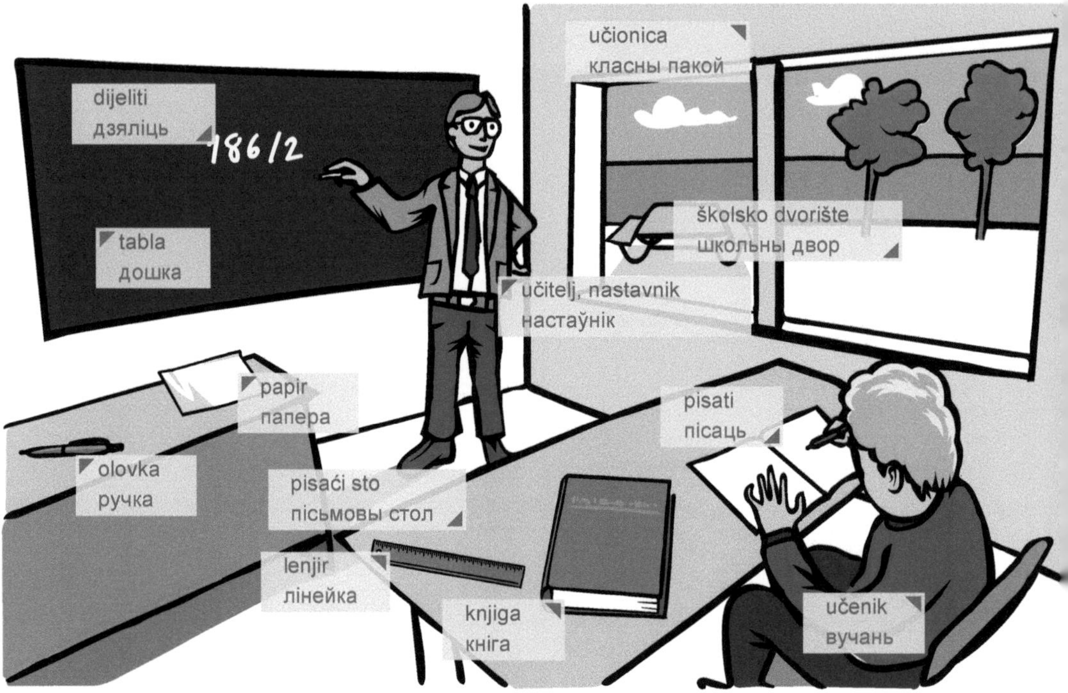

učionica
класны пакой
dijeliti
дзяліць
186/2
tabla
дошка
školsko dvorište
школьны двор
učitelj, nastavnik
настаўнік
papir
папера
pisati
пісаць
olovka
ручка
pisaći sto
пісьмовы стол
lenjir
лінейка
knjiga
кніга
učenik
вучань

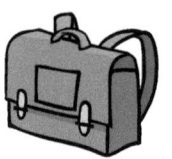

torba
ранец

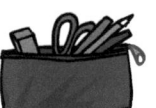

pernica
пенал

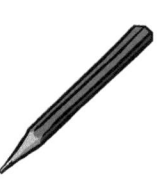

drvena olovka
просты аловак

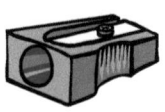

šiljalo za olovke
тачылка для алоўкаў

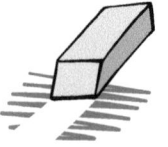

gumica
гумка

blok za crtanje
альбом для малявання

crtež

малюнак

kist

пэндзлік

kutija s bojama

фарбы

makaze

нажніцы

ljepilo

клей

vježbanka

сшытак

domaća zadaća

хатняе заданне

broj

лік

sabirati

дадаваць

oduzimati

адымаць

množiti

множыць

računati

лічыць

slovo

літара

abeceda

алфавіт

riječ

слова

tekst

тэкст

čitati

чытаць

kreda

крэйда

sat

ўрок

školski dnevnik

класны журнал

ispit

экзамен

svjedočanstvo

атэстат

školska uniforma

школьная форма

izobrazba

адукацыя

leksikon

энцыклапедыя

univerzitet

універсітэт

mikroskop

мікраскоп

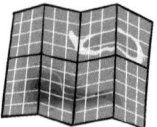

karta

карта

korpa za papir

смеццевы кошык

putovanje
падарожжа

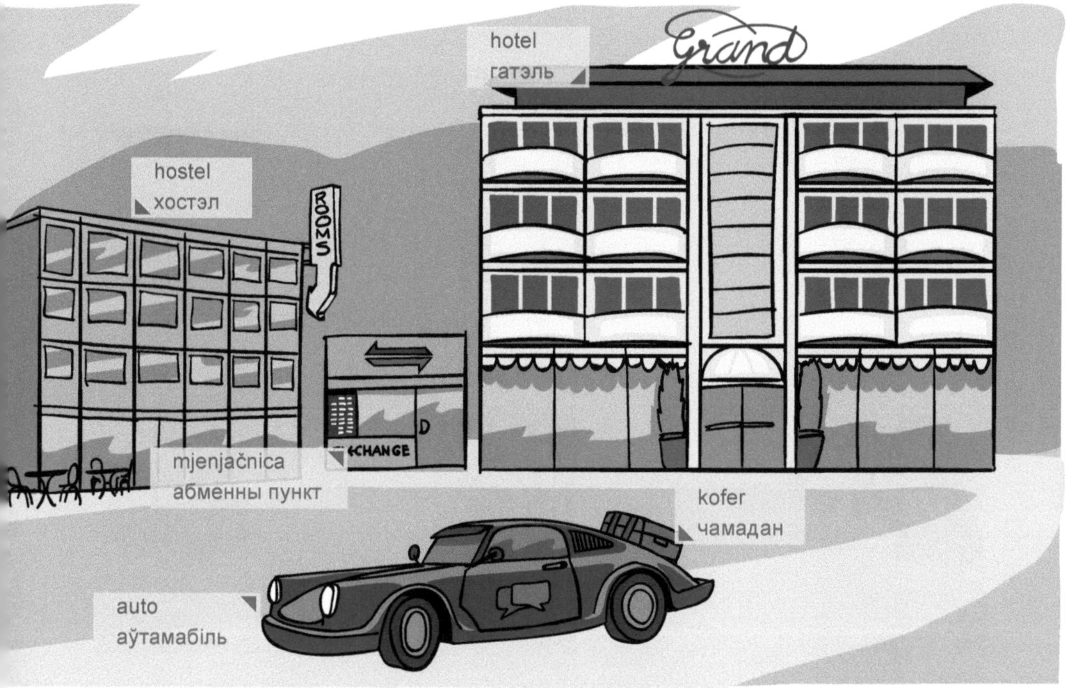

hotel
гатэль
Grand
hostel
хостэл
ROOMS
mjenjačnica
абменны пункт
EXCHANGE
kofer
чамадан
auto
аўтамабіль

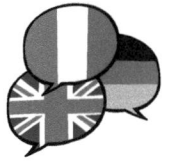

jezik

мова

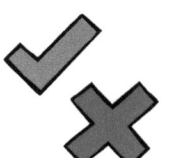

da / ne

так / не

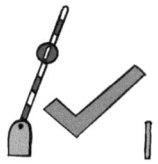

okej

добра

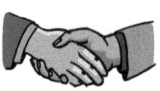

zdravo

прывітанне!

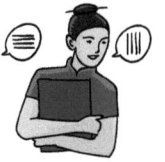

tumač

перакладчык

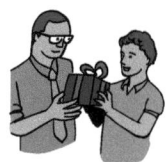

hvala

дзякуй

Koliko košta...?

Колькі каштуе....?

Ne razumijem

я не разумею

problem

праблема

dobro veče!

Добры вечар!

Dobro jutro!

Добрай раніцы!

Laku noć!

Дабранач!

doviđenja

да пабачэння

smjer

кірунак

prtljag

багаж

torba

сумка

ruksak

заплечнік

gost

госць

soba

пакой

vreća za spavanje

спальны мяшок

šator

палатка

turistične informacije

нфармацыя для турыстаў

plaža

пляж

kreditna kartica

крэдытная картка

doručak

снеданне

ručak

абед

večera

вячэра

putna karta

праязны білет

lift

ліфт

poštanska markica

паштовая марка

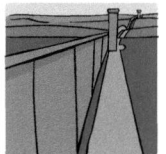

granica

мяжа

carina

мытня

ambasada

пасольства

viza

віза

pasoš

пашпарт

transport

транспарт

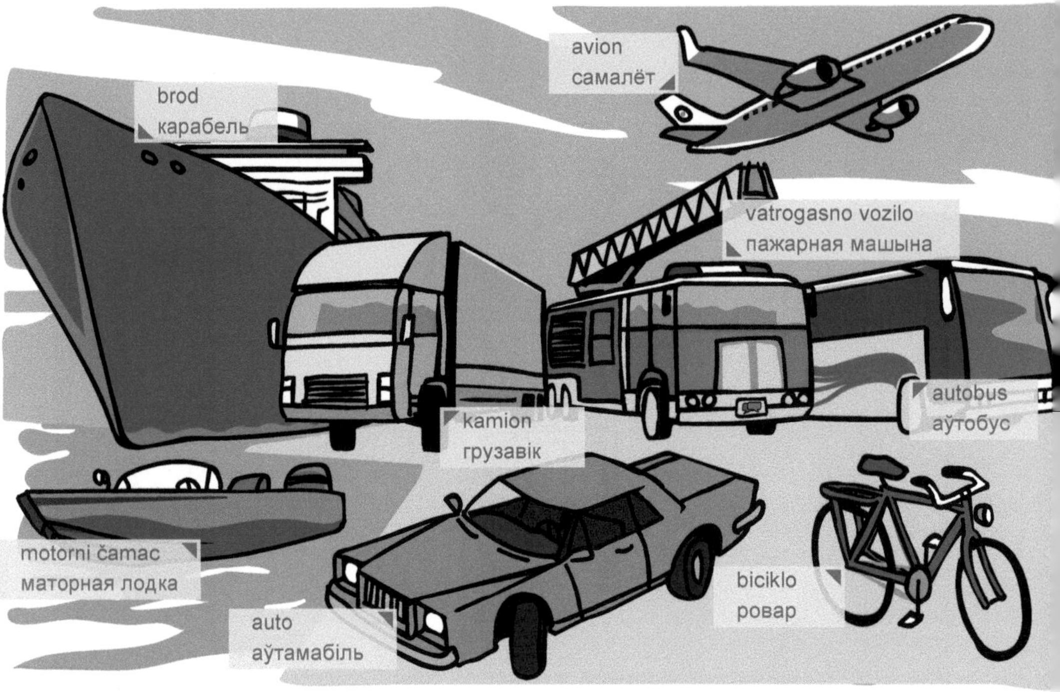

avion
самалёт
brod
карабель
vatrogasno vozilo
пажарная машына
autobus
аўтобус
kamion
грузавік
motorni čamac
маторная лодка
biciklo
ровар
auto
аўтамабіль

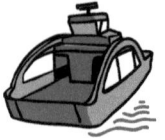

trajekt

паром

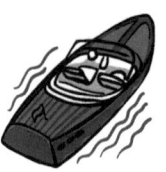

brod

лодка

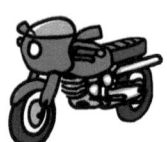

motocikl

матацыкл

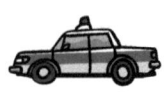

policijski automobil

паліцэйская машына

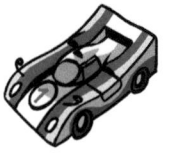

trkaći automobil

гоначны аўтамабіль

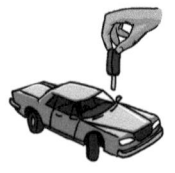

unajmljeni automobil

арэндаваны аўтамабіль

kar-šering

сумеснае карыстанне аўтамабілем

pauk

эвакуатар

smećarsko vozilo

смеццявоз

motor

матор

gorivo

паліва

benzinska pumpa

запраўка

saobraćajni znak

дарожны знак

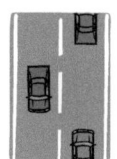

saobraćaj

дарожны рух

zastoj

затор

parking

паркоўка

željeznička stanica

чыгуначная станцыя

šine

рэйкі

voz

цягнік

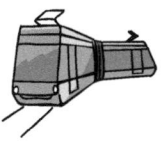

tramvaj

трамвай

vagon

вагон

helikopter

верталёт

aerodrom

аэрапорт

toranj

вежа

putnik

пасажыр

kontejner

кантэйнер

karton

кардонная скрыня

tačke

тачка

korpa

карзіна

poletjeti / sletjeti

ўзлятаць / прызямляцца

grad

горад

selo

вёска

centar grada

цэнтр горада

kuća

дом

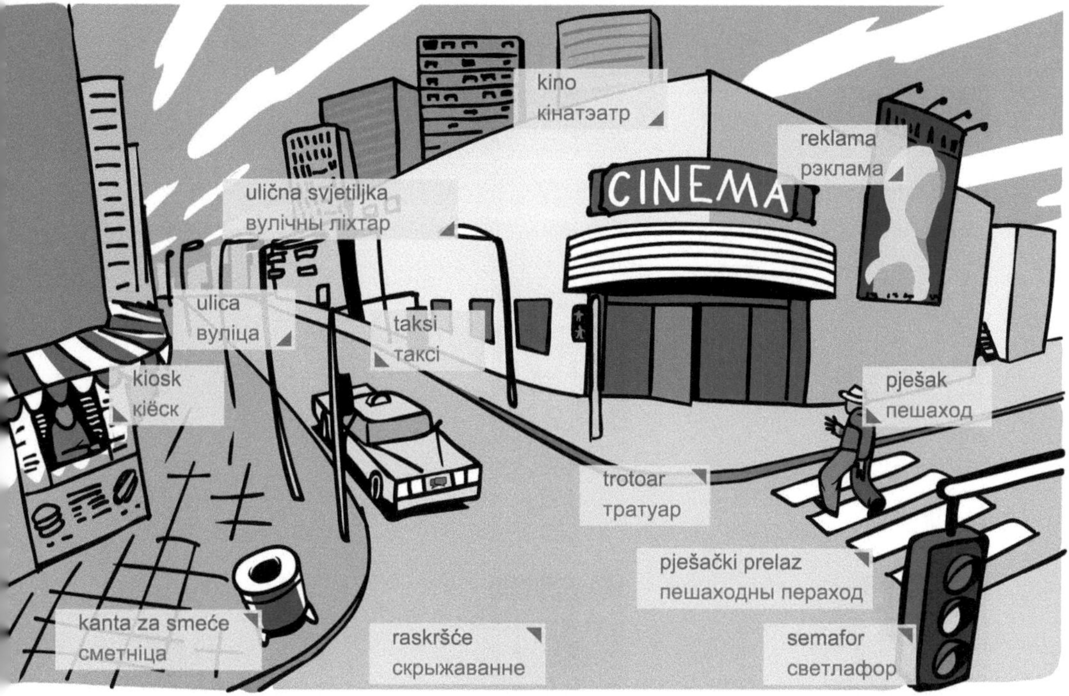
kino
кінатэатр
CINEMA
reklama
рэклама
ulična svjetiljka
вулічны ліхтар
ulica
вуліца
taksi
таксі
kiosk
кіёск
pješak
пешаход
trotoar
тратуар
pješački prelaz
пешаходны пераход
kanta za smeće
сметніца
raskršće
скрыжаванне
semafor
светлафор

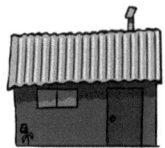

koliba

халупа

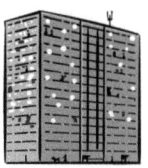

stan

кватэра

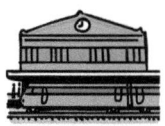

željeznička stanica

чыгуначная станцыя

vjećnica

ратуша

MUSEUM

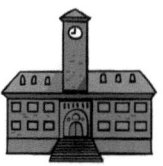

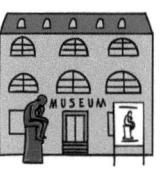

muzej

музей

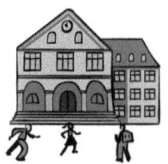

škola

школа

univerzitet

універсітэт

banka

банк

bolnica

шпіталь

hotel

гатэль

apoteka

аптэка

ured

офіс

knjižara

кнігарня

radnja

крама

cvjećara

кветкавая крама

supermarket

супермаркет

pijaca

кірмаш

robna kuća

універмаг

prodavač ribe

рыбная крама

trgovački centar

гандлевы цэнтр

luka

порт

park

парк

klupa

лава

most

мост

stepenice

лесвіца

podzemna željeznica

метро

tunel

тунэль

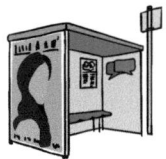

autobuska stanica

прыпынак

bar

бар

restoran

рэстаран

poštanski sandučić

паштовая скрыня

saobraćajni znak

вулічны паказальнік

sat za naplatu parkinga

паркамат

zoološki vrt

заапарк

bazen

басейн

džamija

мячэць

seosko imanje

сядзіба

zagađenje okoline

забруджванне
навакольнага асяроддзя

groblje

могілкі

crkva

царква

igralište

пляцоўка для гульні

hram

храм

krajolik

краявід

list
ліст

putokaz
паказальнік

putokaz
дарога

livada
луг

kamen
камень

drvo
дрэва

putnik
падарожнік

rijeka
рака

trava
трава

cvijet
кветка

dolina

даліна

brdo

гара

jezero

возера

šuma

лес

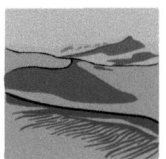

pustinja

пустыня

vulkan

вулкан

dvorac

замак

duga

вясёлка

gljiva

грыб

palma

пальма

komarac

камар

muha

муха

mrav

мурашка

pčela

пчала

pauk

павук

buba

жук

žaba

жаба

vjeverica

вавёрка

jež

вожык

zec

заяц

sova

сава

ptica

птушка

labud

лебедзь

divlja svinja

дзік

jelen

алень

los

лось

brana

плаціна

vjetrenjača

вятрак

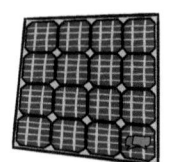

solarni modul

сонечная батарэя

klima

клімат

restoran
рэстаран

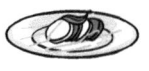

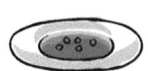

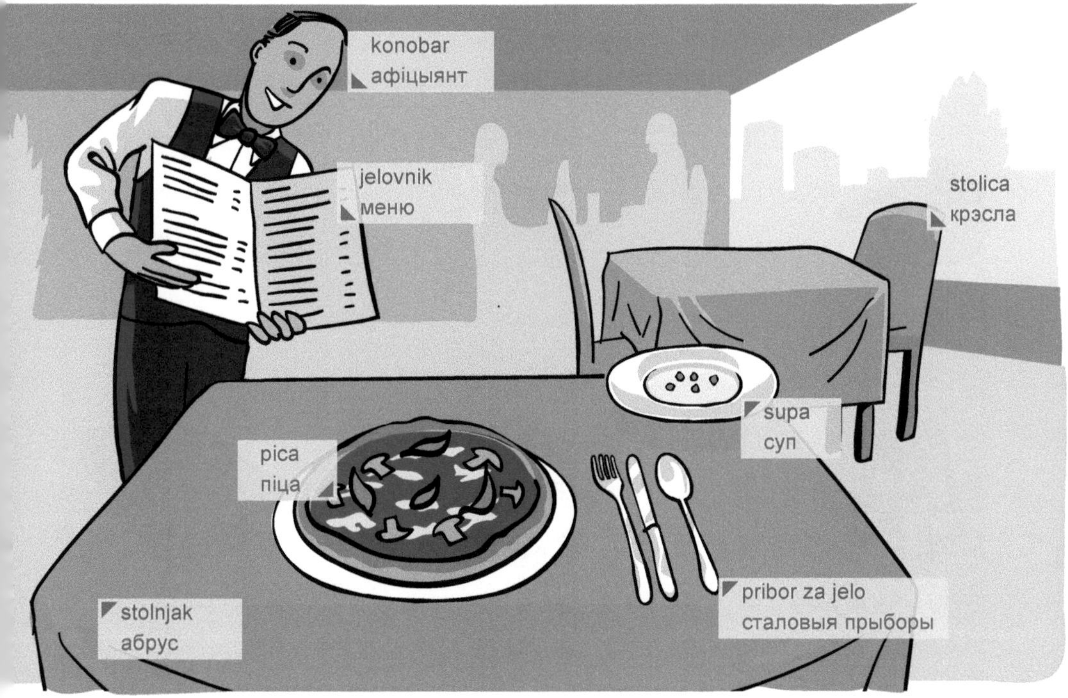
konobar
афіцыянт
jelovnik
меню
stolica
крэсла
supa
суп
pica
піца
pribor za jelo
сталовыя прыборы
stolnjak
абрус

predjelo

закуска

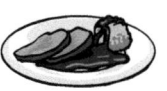

glavno jelo

другая страва

desert

дэсерт

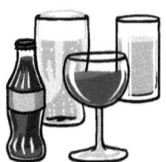

piće

напоі

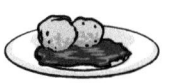

jelo

ежа

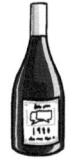

flaša

бутэлька

brza hrana

хуткае харчаванне (фаст-фуд)

jelo sa ulice

стрыт-фуд

čajnik

імбрык (чайнік)

šećernica

цукарніца

porcija

порцыя

mašina za espreso

эспрэса-машына

barska stolica

дзіцячае крэселка

račun

рахунак

tacna

паднос

nož

нож

viljuška

відэлец

kašika

лыжка

kašičica

чайная лыжка

salveta

сурвэтка

čaša

шклянка

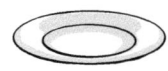

tanjir

талерка

tanjir za supu

супавая талерка

tanjurić

сподак

sos

соус

solanik

сальніца

mlin za biber

млынок для перцу

sirće

воцат

ulje

алей

začini

спецыі

kečap

кетчуп

senf

гарчыца

majoneza

маянэз

supermarket
супермаркет

ponuda
акцыя
FOR
klijent
пакупнік
mliječni proizvodi
малочныя прадукты
voće
садавіна
kolica za kupovinu
вазок

BUTCHERS

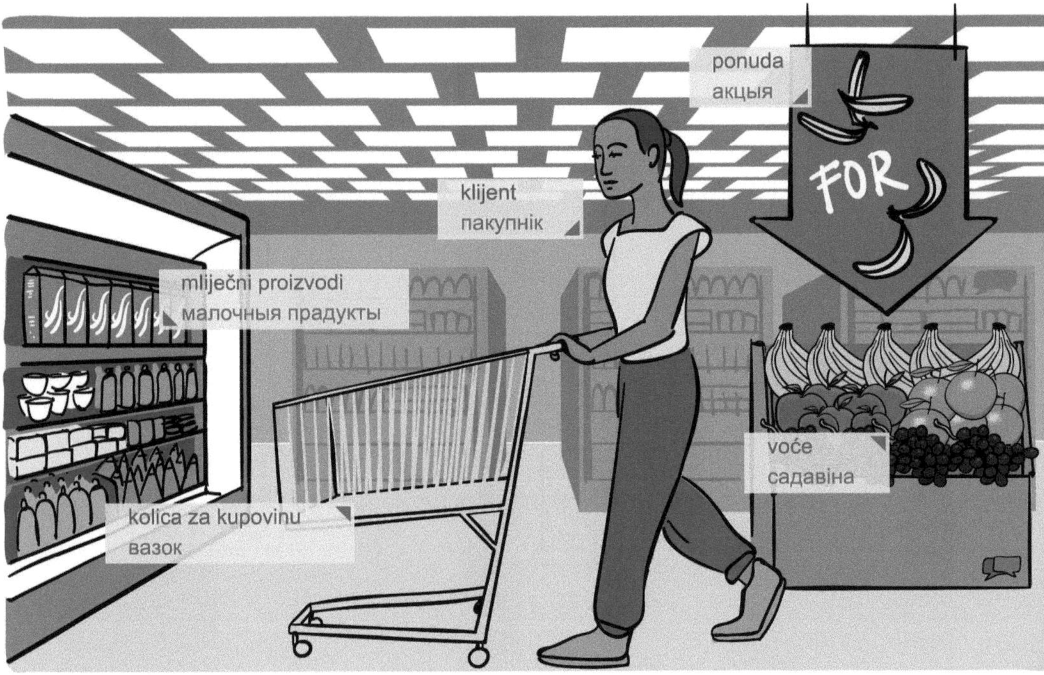

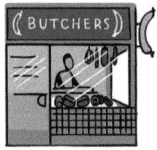

mesnica- klaonica

мясная крама

BAKERY

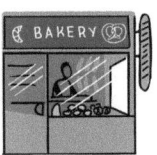

pekara

хлебны магазін

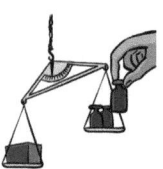

vagati

важыць

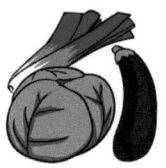

povrće

гароднiна

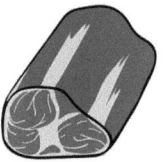

meso

мяса

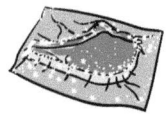

zaleđena hrana

свежазамарожаныя прадукты

narezak

нарэзка

konzerve

кансервы

prašak za veš

пральны парашок

slatkiši

прысмакі

kućanski proizvodi

хатнія прылады

sredstvo za čišćenje

чысцячы сродак

prodavačica

прадавец

kasa

каса

blagajnik

касір

lista za kupovinu

спіс пакупак

radno vrijeme

гадзіны працы

novčanik

бумажнік

kreditna kartica

крэдытная картка

torba

сумка

najlonska vrećica

пакет

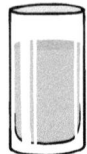

voda

вада

sok

сок

mlijeko

малако

kola

кола

vino

віно

pivo

піва

alkohol

алкаголь

kakao

какава

čaj

гарбата (чай)

kafa

кава

espreso

эспрэса

kapućino

капучына

banana

банан

jabuka

яблык

narandža

апельсін

lubenica

дыня

limun

лімон

mrkva

морква

bijeli luk

часнок

bambus

бамбук

crveni luk

цыбуля

gljiva

грыб

orašasti plodovi

арэхі

pasta

локшына

špagete

спагеці

riža

рыс

salata

салата

pomfrit

бульба фры

pečeni krompir

смажаная бульба

pica

піца

hamburger

гамбургер

sendvič

бутэрброд

šnicla

шніцаль

šunka

вяндліна

kobasica

салямі

kobasica

каўбаса

kokoš

курыца

pečenje

смажаніна

riba

рыбак

zobene pahuljice

аўсяныя камякі

muzli

мюслі

kornfleks

кукурузныя шматкі

brašno

мука

kroason

круасан

zemičke

булачка

kruh

хлеб

tost

тост

keksi

пячэнне

maslac

масла

svježi sir

тварог

kolač

пірог

jaje

яйка

jaje na oko

яечня

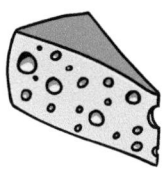

sir

сыр

sladoled

марожанае

šećer

цукар

med

мёд

marmelada

варэнне

nugat krema

нуга

kuri

кары

seoska kuća
хата

bale sjena
цюк саломы

sjenik
хлеў

polje
поле

konj
конь

prikolica
прычэп

ždrijebe
жарабя

traktor
трактар

magarac
асёл

jagnje
ягня

ovca
авечка

koza

каза

krava

карова

tele

цяля

svinja

свіння

prase

парася

bik

бык

guska
гусак

patka
качка

pile
кураня

kokoška
курыца

pjetao
певень

pacov
пацук

mačka
кот

miš
мыш

vol
вол

pas
сабака

pseća kućica
сабачая будка

crijevo za baštu
садовы шланг

kanta za zalijevanje
палівачка

kosa
каса

plug
плуг

srp
серп

motika
матыка

vile
вілы для гною

sjekira
сякера

tačke
тачка

korito
карыта

bokal za mlijeko
бітон для малака

vreća
мех

ograda
плот

štala
хлеў

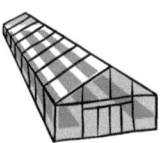

staklenik
цяпліца

tlo
глеба

sjeme
насенне

đubrivo
угнаенне

kombajn
камбайн

kositi

....

збіраць ураджай

žetva

....

ураджай

jam korijen

....

ямс

pšenica

....

пшаніца

soja

....

соя

krompir

....

бульба

kukuruz

....

кукуруза

uljana repica

....

рапс

drvo voća

....

садовае дрэва

manioka

....

маніёк

žito

....

збожжа

kuća

дом

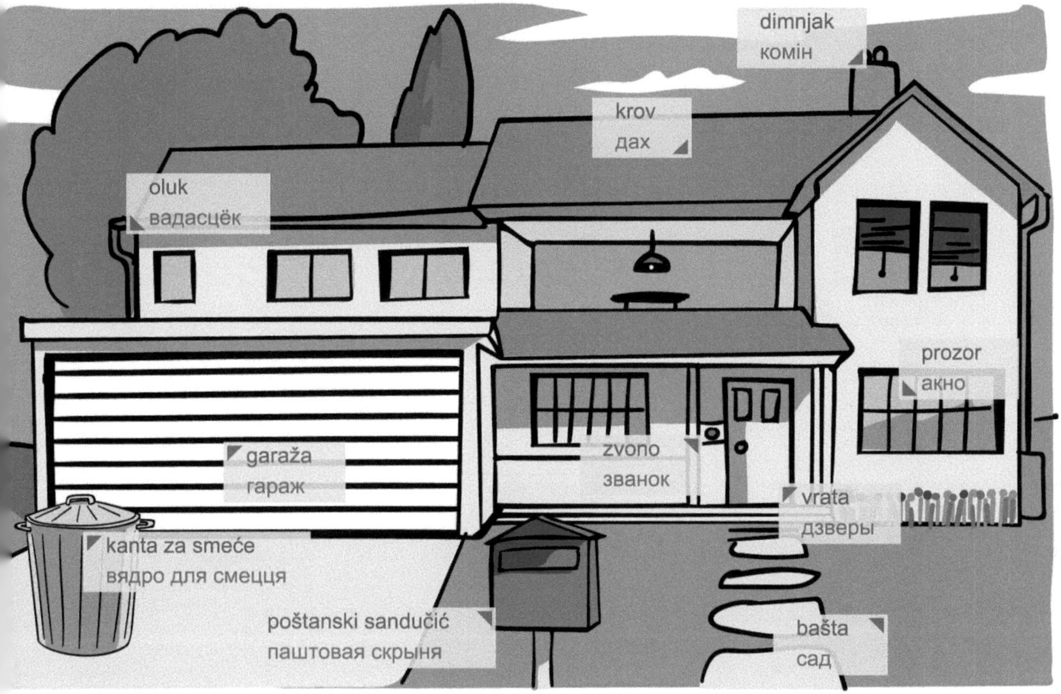
dimnjak
комін
krov
дах
oluk
вадасцёк
prozor
акно
garaža
гараж
zvono
званок
vrata
дзверы
kanta za smeće
вядро для смецця
poštanski sandučić
паштовая скрыня
bašta
сад

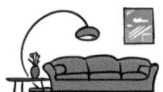

dnevni boravak

жылы пакой

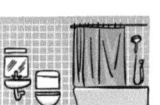

kupatilo

ванная

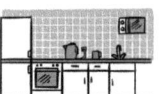

kuhinja

кухня

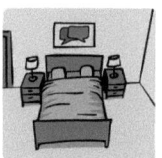

spavaća soba

спальны пакой

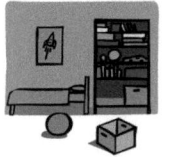

dječija soba

дзіцячы пакой

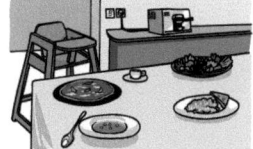

trpezarija

сталоўка

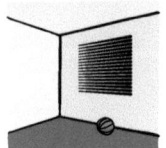

pod, tlo

падлога

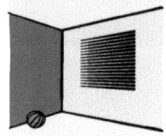

zid

сцяна

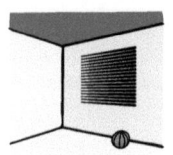

plafon

столь

podrum

падвал

sauna

саўна

balkon

балкон

terasa

тэраса

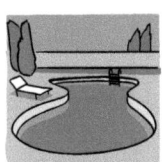

bazen

басейн

kosilica

касілка

posteljina

падкоўдранік

pokrivač

коўдра

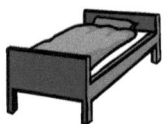

krevet

ложак

metla

венік

kanta

вядро

prekidač

выключальнік

dnevni boravak

жылы пакой

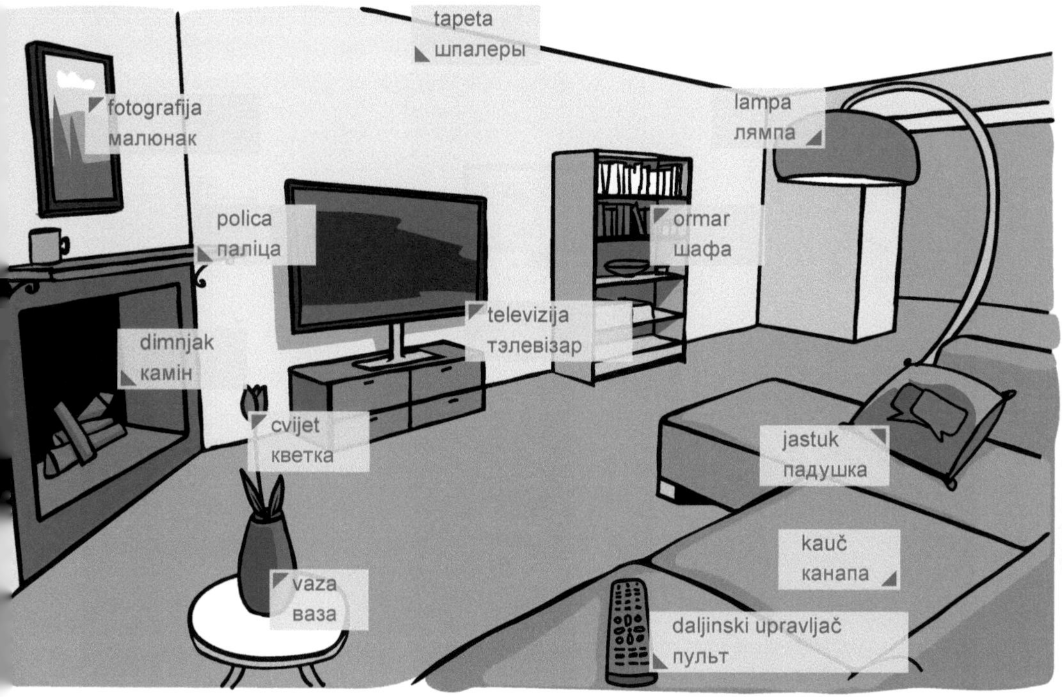

tapeta
шпалеры
fotografija
малюнак
lampa
лямпа
polica
паліца
ormar
шафа
televizija
тэлевізар
dimnjak
камін
cvijet
кветка
jastuk
падушка
kauč
канапа
vaza
ваза
daljinski upravljač
пульт

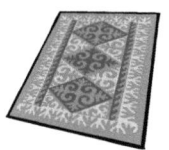

tepih
дыван

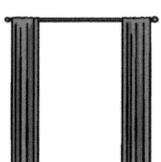

zavjesa
фіранка

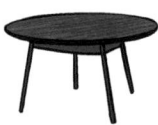

stol
стол

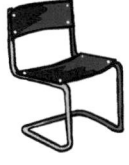

stolica
крэсла

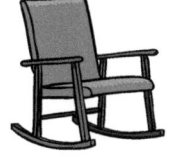

stolica za ljuljanje
крэсла-качалка

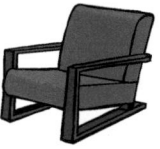

fotelja
крэсла

knjiga

кніга

deka

коўдра

dekoracija

дэкарацыя

ložno drvo

дровы

film

кіно

stereo uređaj

стэрэасістэма

ključ

ключ

novine

газета

umjetnička slika

карціна

poster

постар

radio

радыё

blok za bilješke

нататнік

usisavač

пыласос

kaktus

кактус

svijeća

свечка

kuhinja
кухня

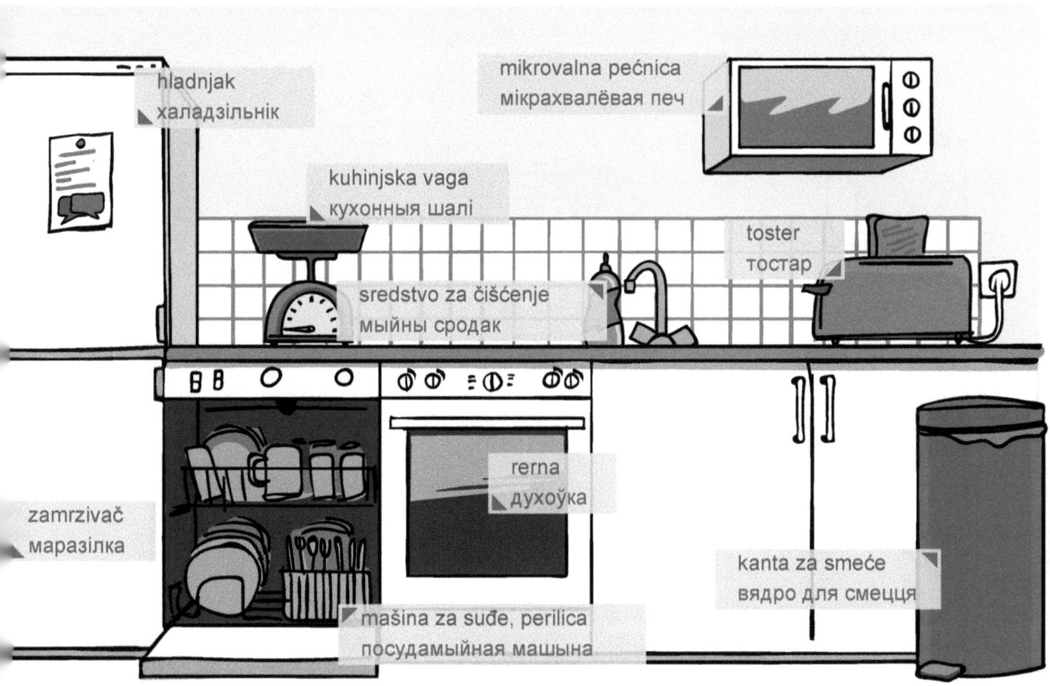
hladnjak
халадзільнік
mikrovalna pećnica
мікрахвалёвая печ
kuhinjska vaga
кухонныя шалі
toster
тостар
sredstvo za čišćenje
мыйны сродак
rerna
духоўка
zamrzivač
маразілка
kanta za smeće
вядро для смецця
mašina za suđe, perilica
посудамыйная машына

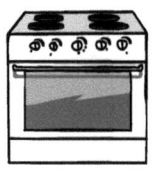

peć
пліта

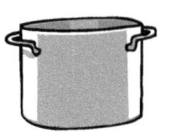

lonac
рондаль

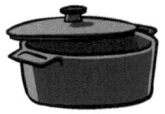

metalni lonac
чыгунок

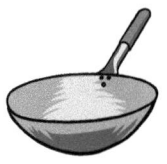

vok / kadai
Вок / кадаі

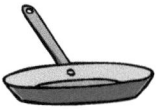

tava, tiganj
патэльня

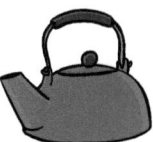

kuhalo
чайнік

aparat za kuhanje na pari

параварка

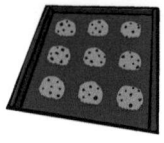

lim za pečenje

бляха

posuđe

посуд

šalica

кубак

činija

міска

kineski štapići

палачкі для ежы

kutlača

чарпак

lopatica

лапатачка

metlica za snijeg bjelanjca

збівалка

sito za kuhanje

сіта для варэння

sito

сіта

ribež

тарка

avan s tučkom

ступка

roštilj

грыль

ložište

вогнішча

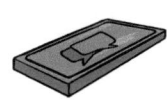

daska
дошка

oklagija
качалка

vadičep
штопар

konzerva
бляшанка

otvarač za konzerve
адкрывалка

krpe za lonac
прыхваткі

sudoper
ракавіна

četka
шчотка

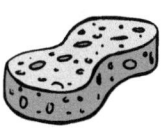

spužva
губка

mikser
міксер

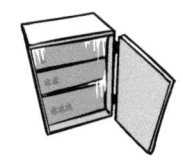

zamrzivač
маразільная камера

flašica za bebu
бутэлечка

slavina
вадаправодны кран

kuhinja - кухня

kupatilo

ванная

tuš
душ
grijanje
ручніковы сушыцель
peškir
ручнік
zavjesa za tuš
штора для душа
pjenušava kupka
пенная ванна
kada
ванна
čaša
шклянка
mašina za veš
мыйная машына
slavina
вадаправодны кран
pločice
плітка
dječja kahlica
начны гаршчок
sudoper
ракавіна

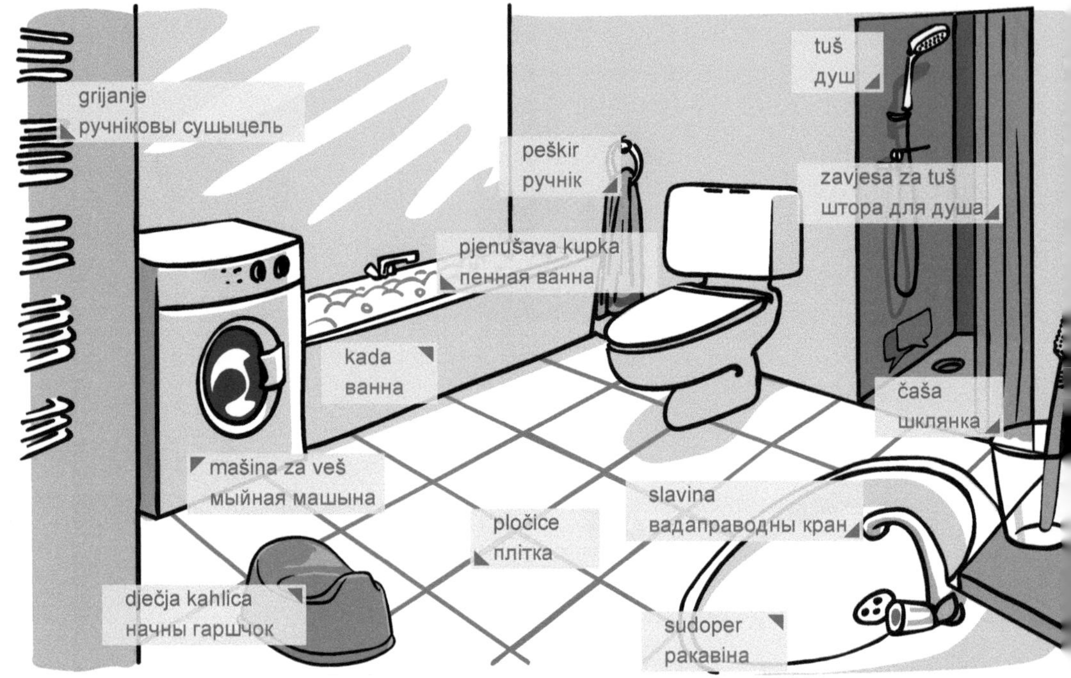

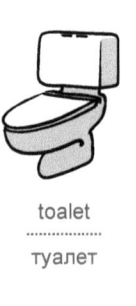

toalet

туалет

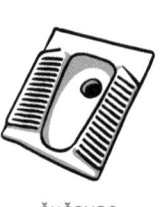

čučavac

падлогавы ўнітаз

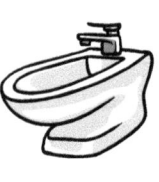

bide

бідэ

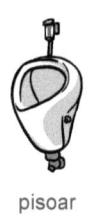

pisoar

пісуар

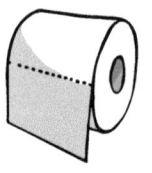

toalet papir

туалетная папера

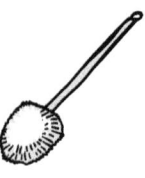

četka za wc

шчотка для чысткі ўнітаза

četkica za zube

зубная шчотка

pasta za zube

зубная паста

zubni konac

зубная нітка

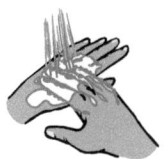

prati

мыць

tuš

ручны душ

intimni tuš

інтымны душ

lavor

умывальнік

četka za leđa

шчотка для спіны

sapun

мыла

gel za tuširanje

гель для душа

šampon

шампунь

krpe za pranje

вяхотка

odvod

вадасцёк

krema

крэм

dezodorans

дэзадарант

ogledalo

люстэрка

ogledalo za šminkanje

касметычнае люстэрка

brijač

станок для галення

pjena za brijanje

пена для галення

vodica poslije brijanja

ласьён пасля галення

češalj

грэбень

četka

шчотка

fen

фен

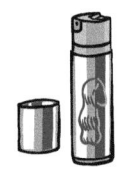

sprej za kosu

лак для валасоў

puder

касметыка

karmin

памада

lak za nokte

лак для пазногцяў

vata

вата

makazice za nokte

манікюрныя нажніцы

parfem

духі

kozmetička torbica

касметычка

hoklica

табурэтка

vaga

вагі

kupaći ogrtač

лазневы халат

rukavice za čišćenje

санітарныя пальчаткі

tampon

тампон

uložak za dame

гігіенічныя пракладкі

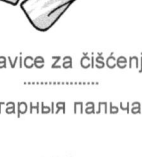

hemijski toalet

біятуалет

dječija soba
дзіцячы пакой

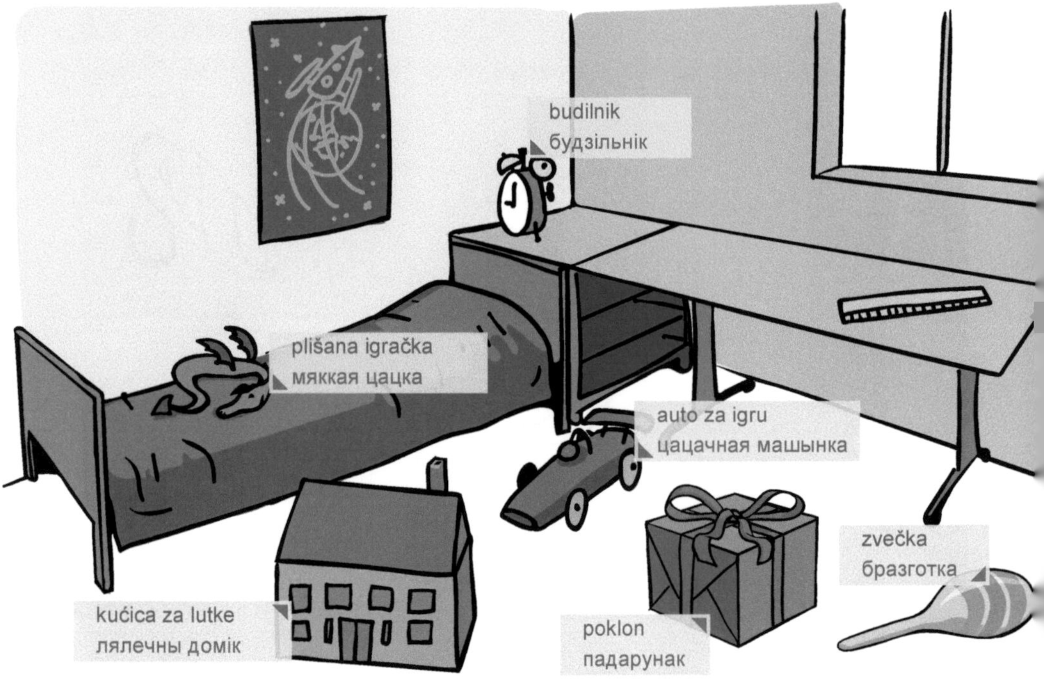
budilnik
будзільнік
plišana igračka
мяккая цацка
auto za igru
цацачная машынка
zvečka
бразготка
kućica za lutke
лялечны домік
poklon
падарунак

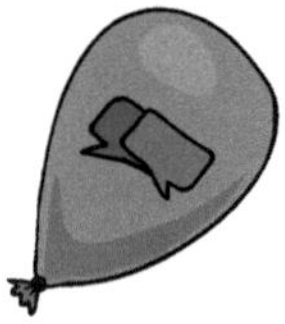

balon
надзіманы шарык

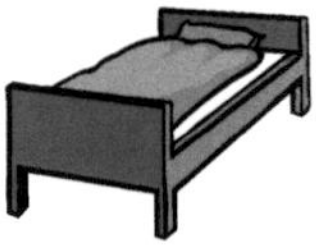

krevet
ложак

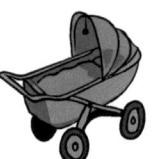

kolica za djecu
дзіцячая каляска

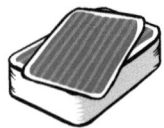

karte za igranje
калода картаў

puzle
пазл

SUPER
MEGA

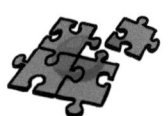

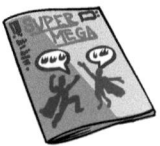

strip
комікс

lego kockice

канструктар "Лега"

kockice za gradnju

канструктар

akcione figure

экшэн-фігурка

benkica

дзіцячы гарнітур

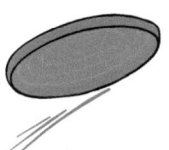

frizbi

фрызбі

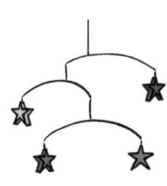

mobile

дзіцячы мабіль

igra na ploči

настольная гульня

kocka

кубік

miniatura željeznice

дзіцячая чыгунка

cucla

пустышка

zabava

дзіцячае свята

slikovnica

кніга з малюнкамі

lopta

мячык

lutka

лялька

igrati

гуляцца

pješćanik

пясочніца

ljuljačka

арэлі

igračke

цацкі

konzola za igru

гульнявая відэа прыстаўка

triciklo

трохколавы ровар

medvjedić

плюшавы мішка

ormar

шафа

odjeća

адзенне

kratke čarape

шкарпэткі

čarape

панчохі

hulahopke

калготкі

šal
шалік

kišobran
парасон

majica kratkih rukava
цішотка

kaiš
рамень

čizme
боты

papuče
пантоплі

patike
красоўкі

sandale
сандалі

cipele
абутак

gumene čizme
гумовыя боты

gaće
трусы

grudnjak
бюстгальтар

potkošulja
майка

odjeća - адзенне   45

bodi
бодзі

hlače
штаны

farmerke
джынсы

suknja
спадніца

bluza
блузка

košulja
кашуля

džemper
джэмпер

majica
талстоўка

sako
блэйзер

jakna
куртка

mantil
паліто

kišni mantil
дажджавік

kostim
касцюм

haljina
сукенка

vjenčanica
вясельная сукенка

odijelo

касцюм

spavaćica

начная сарочка

pidžama

піжама

sari

сары

marama

хустка

turban

цюрбан

burka

паранджа

kaftan

каптан

abaja

Абая

kupaći kostim

купальнік

kupaće gaće

плаўкі

kratke hlače

шорты

trenerka

спартыўны касцюм

pregača

фартух

rukavice

пальчаткі

dugme

гузік

naočare

акуляры

narukvica

бранзалет

ogrlica

каралі

prsten

кальцо

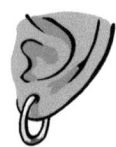

naušnica

завушніца

kapa

кепка

vješalica

вешалка

šešir

капялюш

kravata

гальштук

patentni zatvarač

маланка

kaciga

шлем

tregeri za hlače

падцяжкі

školska uniforma

школьная форма

uniforma

уніформа

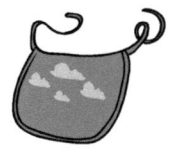

podbradak

нагруднік

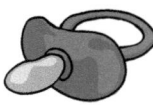

cucla

пустышка

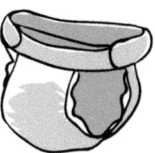

pelene

падгузнік

ured

офіс

server
сервер
ormar za kartoteku
канцылярская шафа
štampač
прынтэр
papir
папера
monitor
манітор
pisaći sto
пісьмовы стол
miš
мыш
registrator
тэчка
tastatura
клавіятура
korpa za papir
смеццевы кошык
kompjuter
кампутар
stolica
крэсла

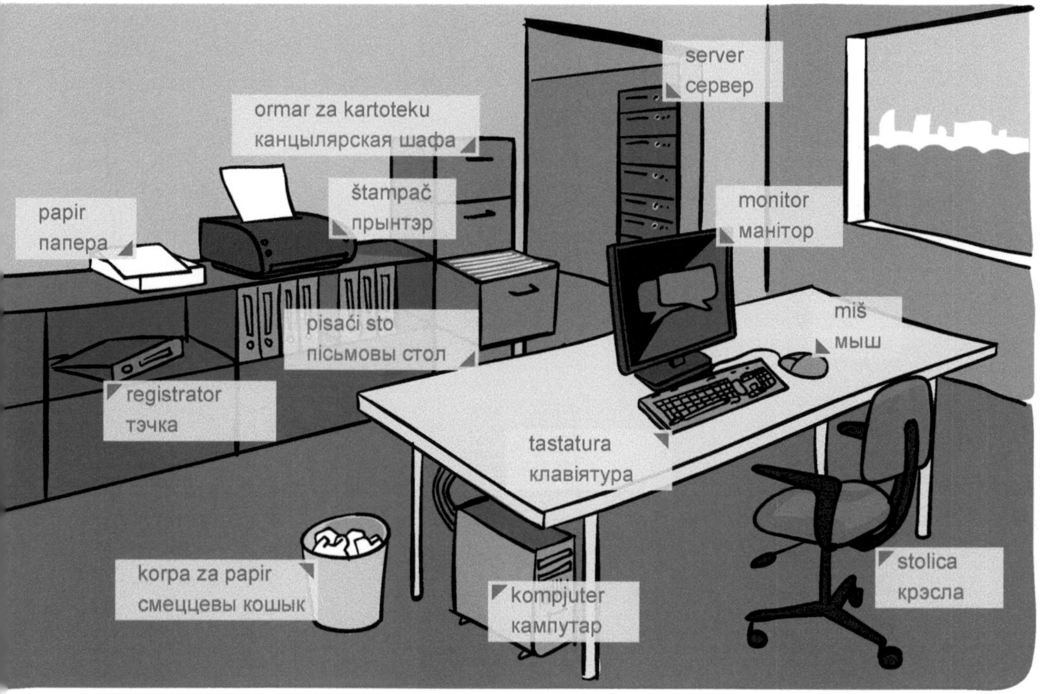

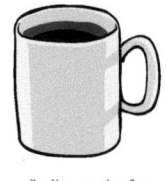

šolja za kafu

ак для кавы (філіжанка)

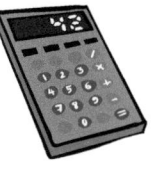

kalkulator

калькулятар

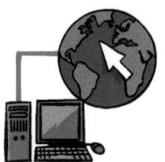

internet

інтэрнэт

laptop

ноўтбук

pismo

ліст

poruka

паведамленне

mobilni telefon

мабільны тэлефон

mreža

сетка

aparat za kopiranje

ксеракс

softver

праграмнае забеспячэнне

telefon

тэлефон

utičnica

разетка

faks

факс

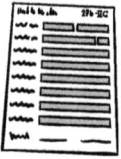

formular

фармуляр

dokument

дакумент

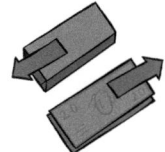

kupovati

купляць

platiti

плаціць

trgovati

гандляваць

novac

грошы

dolar

долар

euro

еўра

jen

ена

rublja

рубель

franak

франк

renminbi jen

кітайскі юань

rupi

рупія

bankomat

банкамат

mjenjačnica

абменны пункт

zlato

золата

srebro

срэбра

nafta

нафта

energija

энергія

cijena

цана

ugovor

кантракт

porez

падатак

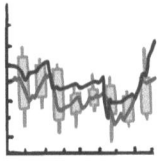

akcija

акцыя

raditi

працаваць

službenik

служачы

poslodavac

працадаўца

fabrika

фабрыка

radnja

крама

zanimanja
прафесіі

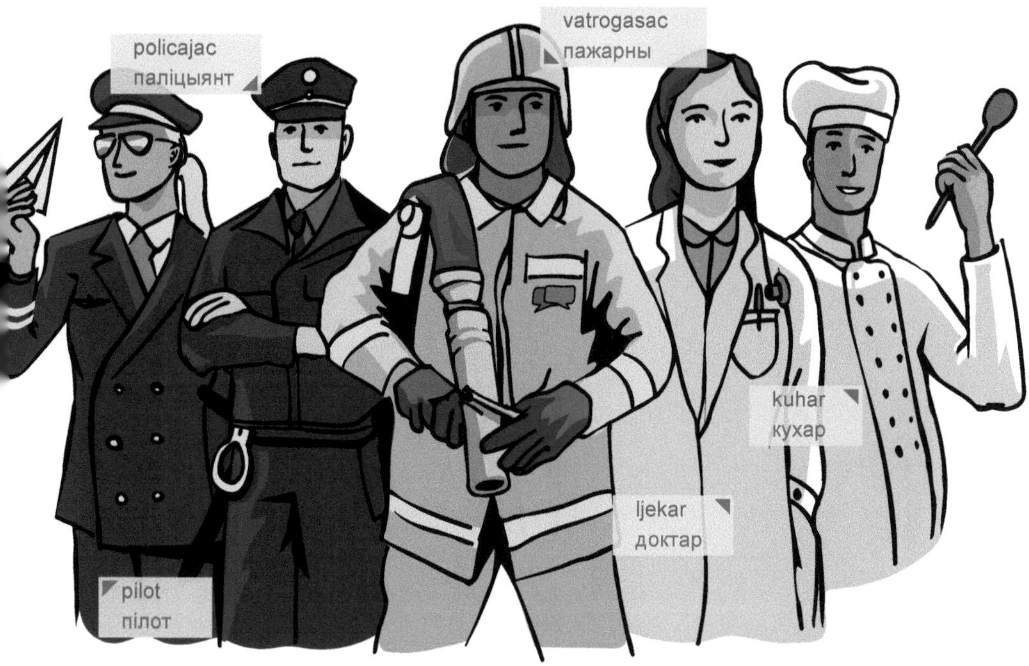
policajac
паліцыянт
vatrogasac
пажарны
kuhar
кухар
ljekar
доктар
pilot
пілот

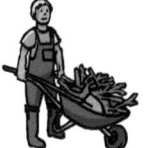

baštovan
садоўнік

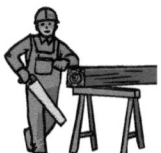

stolar
слесар

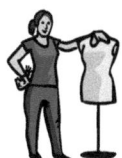

krojačica
швачка

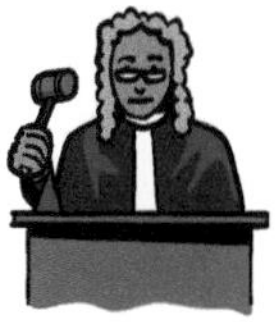

sudija
суддзя

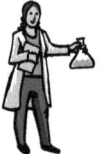

hemičar
хімік

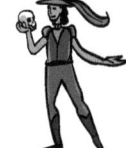

glumac
артыст

vozač autobusa

кіроўца аўтобуса

vozač taksija

таксіст

ribar

рыбак

čistačica

прыбіральшчыца

krovopokrivač

страхар

konobar

афіцыянт

lovac

паляўнічы

moler

мастак

pekar

пекар

električar

электрык

građevinski radnik

будаўнік

inženjer

інжынер

koljač

мяsnік

limar, vodoinstalater

сантэхнік

poštar

паштальён

vojnik

салдат

arhitekta

архітэктар

blagajnik

касір

cvjećar

фларыст

frizer

цырульнік

kontrolor

кандуктар

mehaničar

механік

kapiten

капітан

zubar

стаматолаг

naučnik

вучоны

rabin

рабін

imam

імам

monah

манах

sveštenik

святар

alat
інструменты

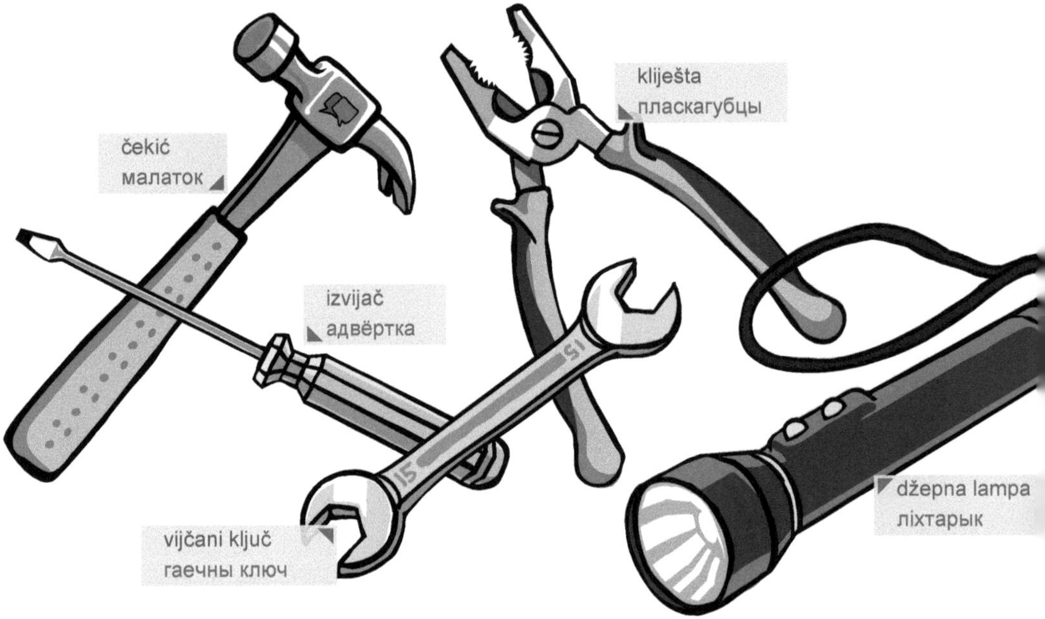
čekić
малаток
kliješta
пласкагубцы
izvijač
адвёртка
vijčani ključ
гаечны ключ
džepna lampa
ліхтарык

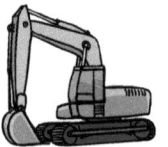

bager

экскаватар

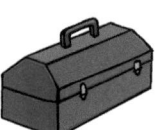

kutija sa alatom

скрыня для інструментаў

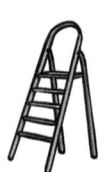

ljestve

дравіны

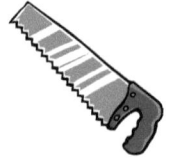

testera, pila

піла

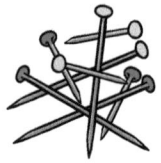

ekser

цвікі

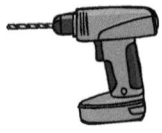

bušilica

дрыль

popraviti

рамантаваць

lopata

рыдлеўка

sranje!

Халера!

lopatica

шуфлік для смецця

kanta boje

вядро з фарбаю

vijak

балты

muzički instrumenti
музычныя інструменты

bubnjevi
ударны інструмент

zvučnik
калонкі

kontrabas
кантрабас

truba
труба

gitara
гітара

klavir

піяніна

violina

скрыпка

bas

басгітара

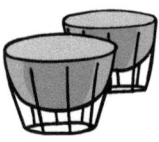

bubanj timpani

літаўры

bubanj

барабан

sintisajzer

клавішны электрамузычны
інструмент

saksofon

саксафон

flauta

флейта

mikrofon

мікрафон

zološki vrt

заапарк

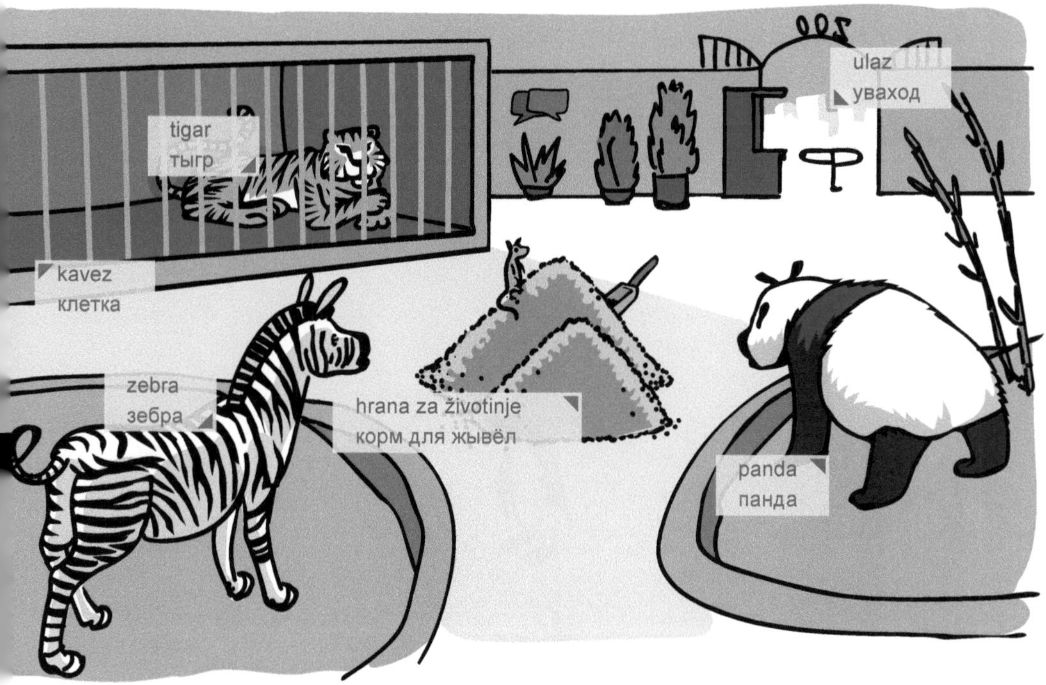

ulaz
уваход
tigar
тыгр
kavez
клетка
zebra
зебра
hrana za životinje
корм для жывёл
panda
панда

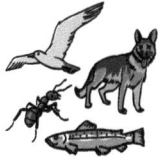

životinje

жывёлы

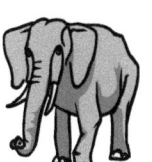

slon

слон

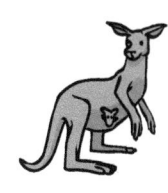

kengur

кенгуру

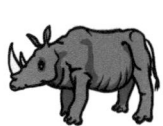

nosorog

насарог

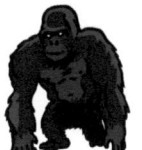

gorila

гарыла

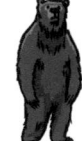

medvjed

мядзведзь

kamila

вярблюд

noj

стравус

lav

леў

majmun

малпа

flamingo

фламінга

papagaj

папугай

polarni medvjed

белы мядзведзь

pingvin

пінгвін

morski pas

акула

paun

паўлін

zmija

змяя

krokodil

кракадзіл

čuvar u zološkom vrtu

наглядчык заапарка

tuljan

цюлень

jaguar

ягуар

poni

поні

leopard

леапард

nilski konj

бегемот

žirafa

жыраф

orao

арол

divlja svinja

дзік

riba

рыбак

kornjača

чарапаха

morž

морж

lisica

ліса

gazela

газель

američki fudbal
амерыканскі футбол

vožnja bicikla
веласпорт

tenis
тэніс

košarka
баскетбол

plivanje
плаванне

boks
бокс

hokej na ledu
хакей з шайбай

fudbal
футбол

bedminton
бадмінтон

laka atletika
лёгкая атлетыка

rukomet
гандбол

skijanje
горныя лыжы

polo
пола

aktivnosti
дзейнасць

smijati se
смяяцца
skakati
скакаць
zagrliti
абдымаць
ići
ісці
pjevati
спяваць
sanjati
марыць
moliti
маліцца
ljubiti
цалаваць

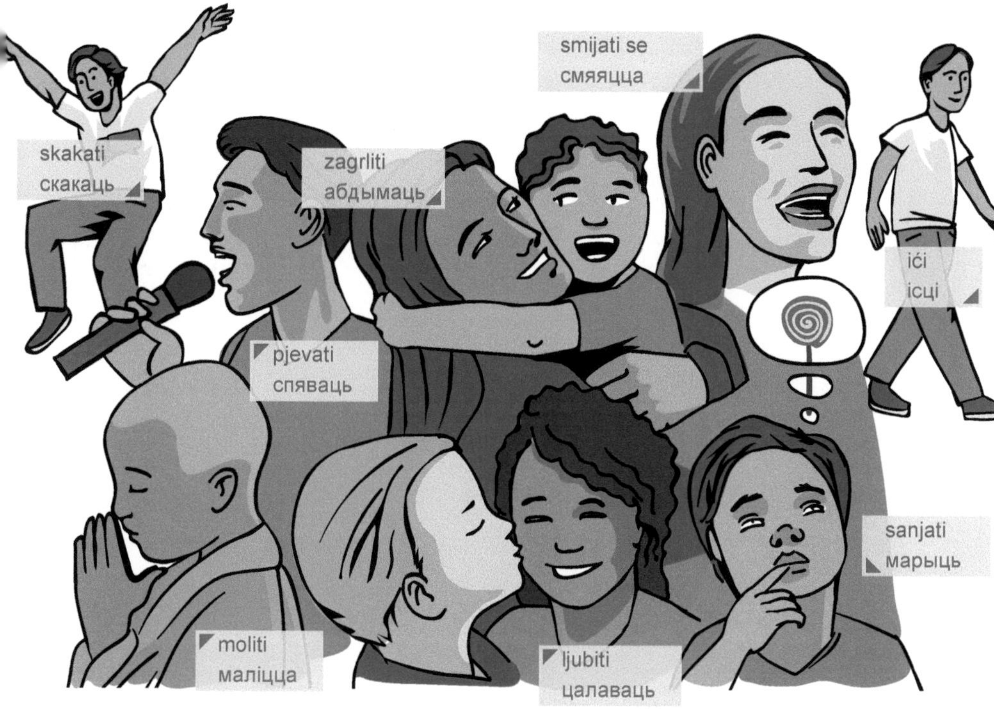

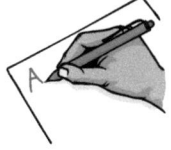

pisati
пісаць

crtati
маляваць

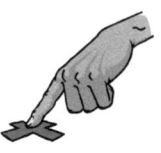

pokazati
паказваць

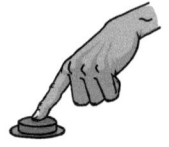

gurati
націснуць

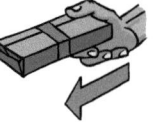

dati
даваць

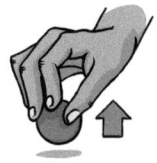

uzeti
браць

imati

маць

raditi

выконваць

biti

быць

stajati

стаяць

trčati

бегчы

vući

цягнуць

baciti

кідаць

pasti

падаць

ležati

ляжаць

čekati

чакаць

nositi

насіць

sjediti

сядзець

obući

апранацца

spavati

спаць

probuditi

прачынацца

pogledati

глядзець

plakati

плакаць

milovati

лашчыць

češljati

прычэсвацца

govoriti

гаварыць

razumjeti

разумець

pitati

пытаць

slušati

чуць

piti

піць

jesti

есці

pospremiti

прыбіраць

voljeti

кахаць

kuhati

гатаваць

voziti

ехаць

letjeti

лятаць

jedriti

плаваць пад ветразем

računati

лічыць

čitati

чытаць

učiti

вучыць

raditi

працаваць

vjenčavti

уступаць у шлюб

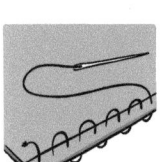

šiti

шыць

prati zube

чысціць зубы

ubiti

забіваць

pušiti

курыць

slati

пасылаць

porodica
сям'я

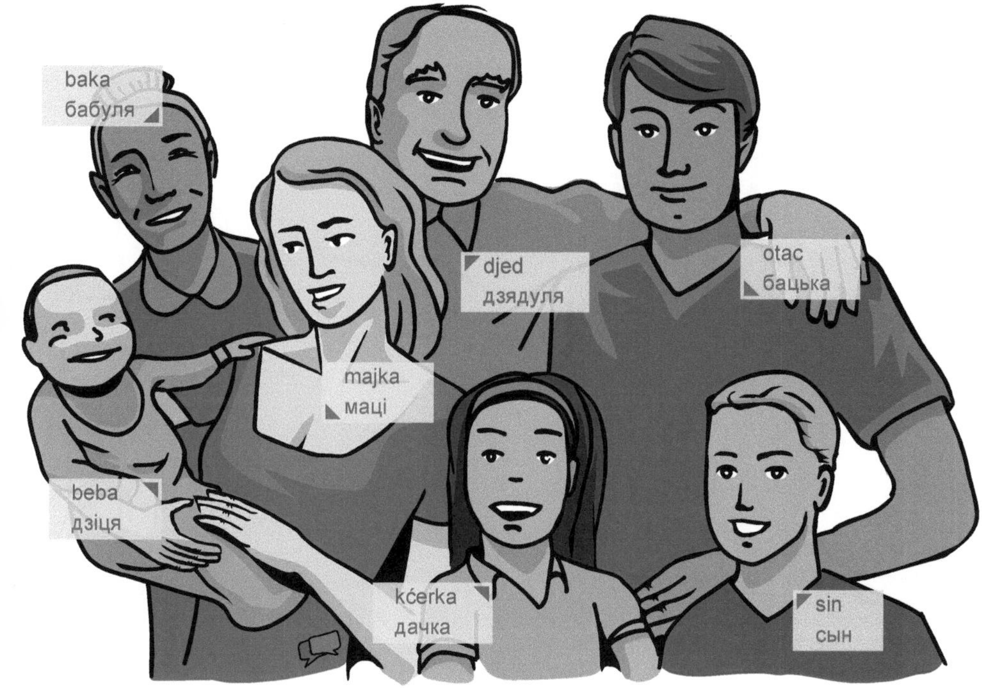
baka
бабуля
djed
дзядуля
otac
бацька
majka
маці
beba
дзіця
kćerka
дачка
sin
сын

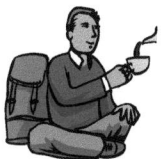

gost
....
госць

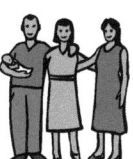

ujna, tetka, strina
....
цётка

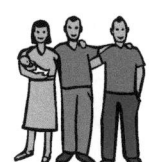

ujak, tetak, stric
....
дзядзька

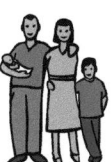

brat
....
брат

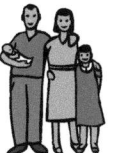

sestra
....
сястра

tijelo

цела

čelo
лоб
oko
вока
leđa
плячо
prst
палец
lice
твар
brada
падбародак
ruka, šaka
рука
noga
нага
grudi
грудзі
ruka
рука

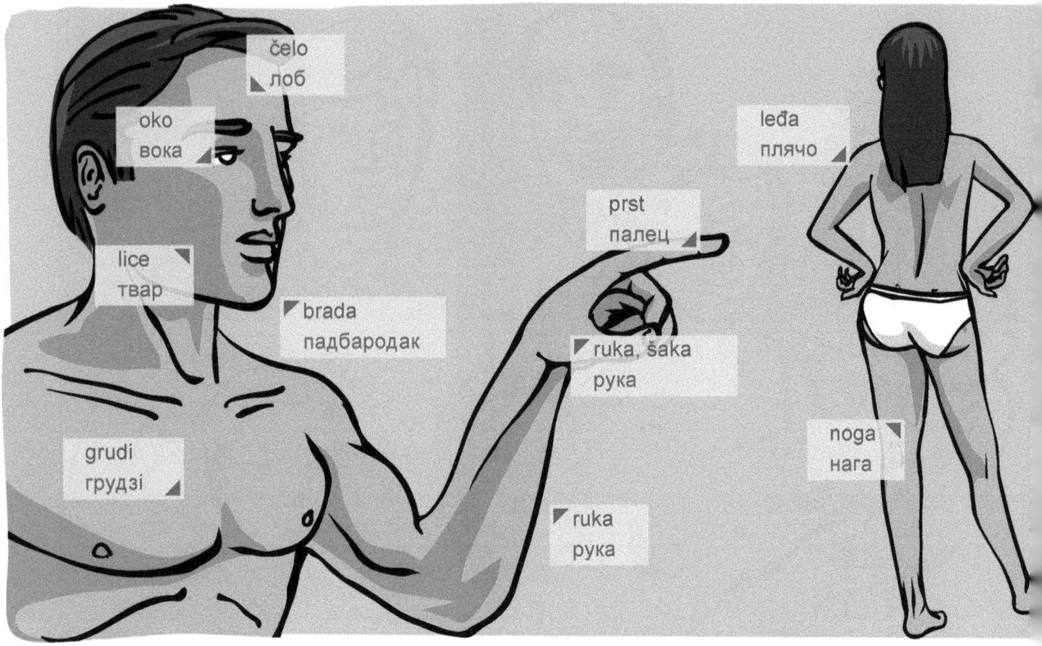

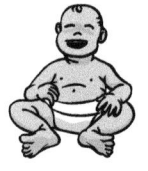

beba

дзіця

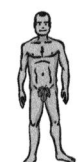

muškarac

мужчына

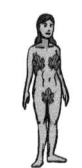

žena

жанчына

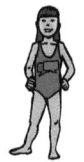

djevojčica

дзяўчынка

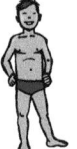

dječak

хлопчык

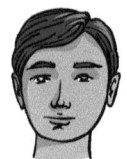

glava

галава

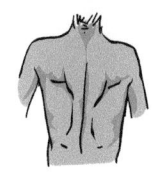

leđa

спіна

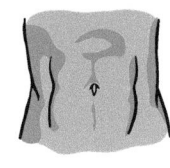

stomak

жывот

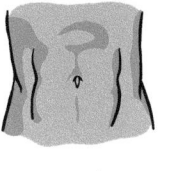

pupak

пуп

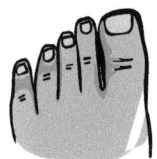

nožni prst

палец нагі

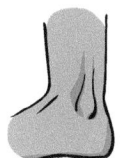

peta

пятка

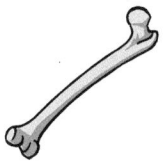

kosti

костка

kuk

бядро

koljeno

калена

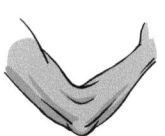

lakat

локаць

nos

нос

stražnjica

ягадзіца

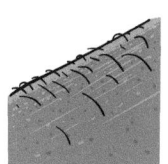

koža

скура

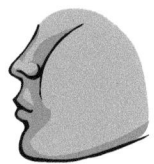

obraz

шчака

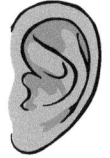

uho

вуха

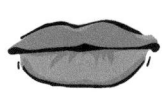

usna

губа

tijelo - цела

usta

рот

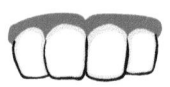

zub

зуб

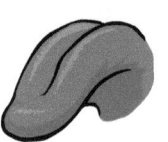

jezik

язык

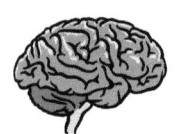

mozak

галаўны мозг

srce

сэрца

mišić

мышца

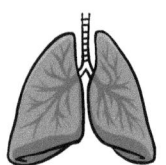

pluća

лёгкае

jetra

пячонка

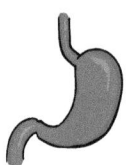

želudac

страўнік

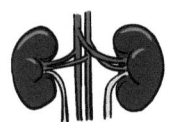

bubreg

ныркі

spolni odnos

сэкс

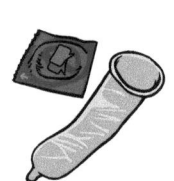

kondom

прэзерватыў

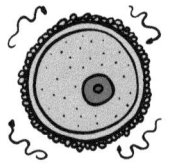

jajna ćelija

яйцаклетка

sperma

сперма

trudnoća

цяжарнасць

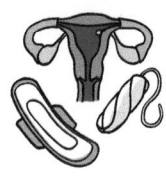

menstruacija
менструацыя

vagina
похва

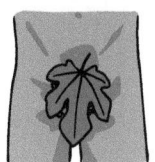

penis
пеніс

obrva
брыво

kosa
валасы

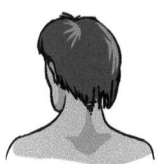

vrat
шыя

bolnica
шпіталь

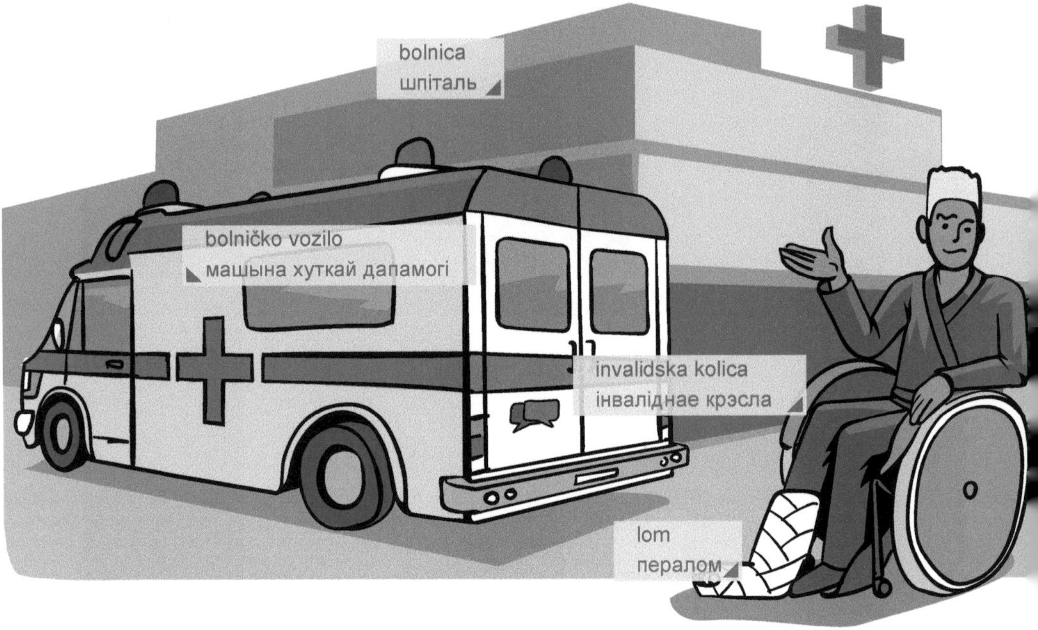

bolnica
шпіталь
bolničko vozilo
машына хуткай дапамогі
invalidska kolica
інваліднае крэсла
lom
пералом

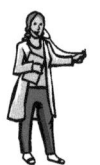

ljekar

доктар

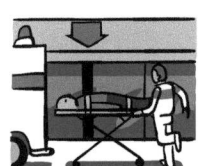

hitna služba

аддзяленне першай дапамогі

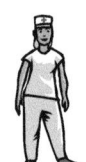

medicinska sestra

медсястра

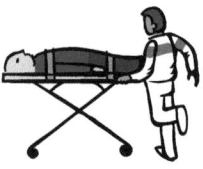

hitna pomoć

экстраная дапамога

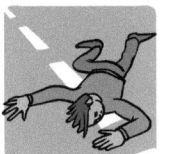

nesvjest

непрытомны

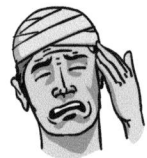

bol

боль

povreda
траўма

krvarenje
крывацёк

srčani udar, infarkt
інфаркт

moždani udar
апаплексія

alergija
алергія

kašalj
кашаль

groznica
гарачка

gripa
грып

proljev
панос

glavobolja
галаўны боль

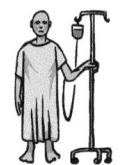

rak
рак

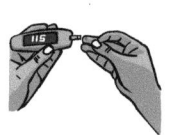

dijabetes
дыябет

hirurg
хірург

skalpel
скальпель

operacija
аперацыя

CT
КТ

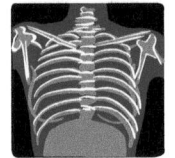

rendgen
рэнтген

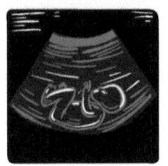

ultrazvuk
ультрагук

maska
маска

bolest
хвароба

čekaonica
пачакальня

štake
мыліца

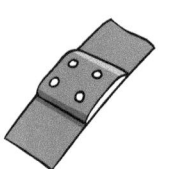

flaster
пластыр

zavoj
бінт

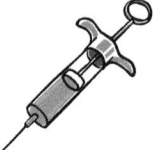

injekcija
ін'екцыя

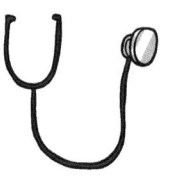

stetoskop
стэтаскоп

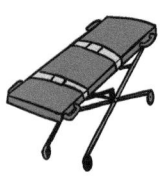

nosilo
насілкі

termometar
градуснік

porod
нараджэнне

prekomjerna težina, debljina

лішняя вага

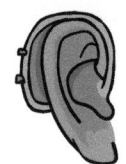

slušni aparat

слухавы апарат

sredstvo za dezinfekciju

дэзінфекцыйны сродак

infekcija

інфекцыя

virus

вірус

HIV/ AIDS

ВІЧ/СНІД

medicina

лекі

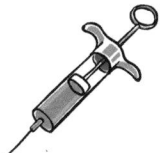

vakcinacija

прышчэпка

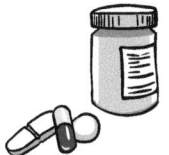

tablete

таблеткі

pilula

супрацьзачаткавая таблетка

hitni poziv

экстраны выклік

aparat za mjerenje pritiska

танометр

bolestan / zdrav

хворы / здаровы

Upomoć!

Ратуйце!

alarm

сігналізацыя

napad, prepad

напад

napad

атака

opasnost

небяспека

izlaz u slučaju opasnosti

аварыйны выхад

Požar!

Пажар!

vatrogasni aparat

вогнетушыцель

nezgoda

аварыя

torba prve pomoći

аптэчка

SOS

СОС

policija

паліцыя

Europa

Еўропа

Sjeverna Amerika

Паўночная Амерыка

Južna Amerika

Паўднёвая Амерыка

Afrika

Афрыка

Azija

Азія

Australija

Аўстралія

Atlantik

Атлантычны акіян

Pacifik

Ціхі акіян

Indijski okean

Індыйскі акіян

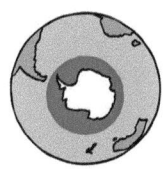

Antarktički okean

ўднёвы ледавіты акіян

Arktički okean

Паўночны ледавіты акіян

Sjeverni pol

Паўночны полюс

Južni pol
Паўднёвы полюс

Antarktik
Антарктыда

Zemlja
Зямля

zemlja
краіна

more
мора

ostrvo
востраў

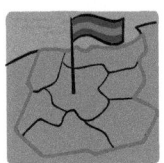

nacija
нацыя

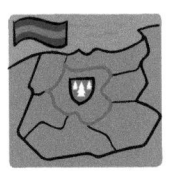

država
дзяржава

brojčanik sata

цыферблат

kazaljka sata

гадзінная стрэлка

kazaljka minute

хвілінная стрэлка

kazaljka sekunde

секундная стрэлка

Koliko je sati?

Колькі часу?

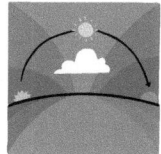

dan

дзень

vrijeme

час

sada

зараз

digitalni sat

электронны гадзіннік

minuta

хвіліна

sat

гадзіна

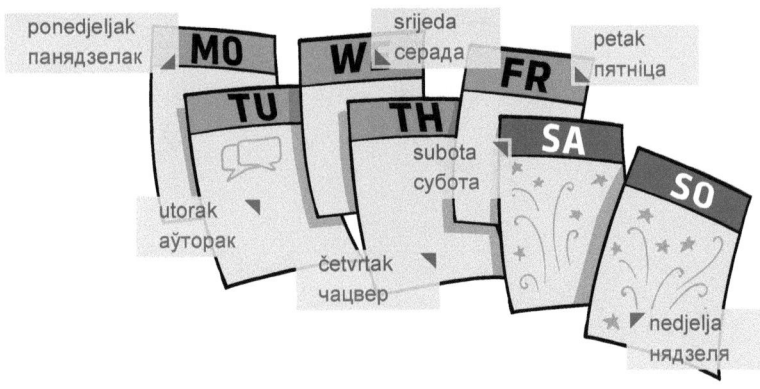

juče
ŭчора

danas
сёння

sutra
заўтра

jutro
раніца

podne
абед

veče
вечар

radni dani
працоўныя дні

vikend
выхадныя

godina
год

kiša
дождж
duga
вясёлка
vjetar
вецер
snijeg
снег
proljeće
вясна
ljeto
лета
jesen
восень
zima
зіма

4.APRIL 11°
5.APRIL 4°
6.APRIL 13°
7.APRIL 8°
8.APRIL 10°

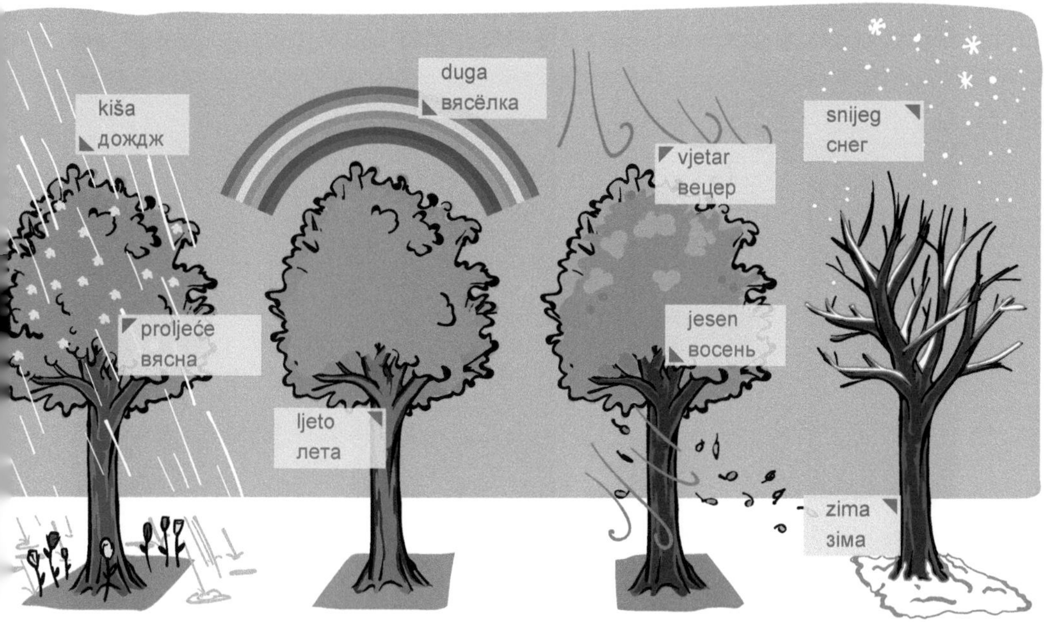

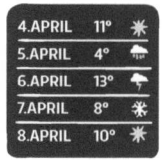

prognoza vremena
....
прагноз надвор'я

F C
120 40
90 30
60 20
30 10
0 0
-30 -10
-20

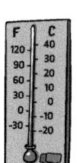

termometar
....
градуснік

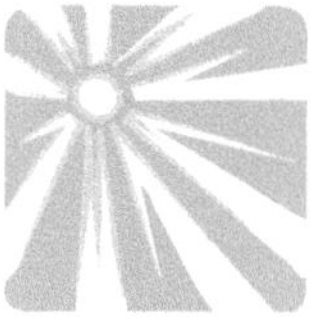

sunčev sjaj
....
сонечнае святло

oblak
....
воблака

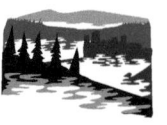

magla
....
туман

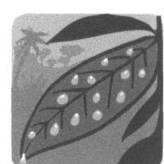

vlažnost vazduha
....
вільготнасць паветра

munja

маланка

grom

гром

oluja

бура

tuča, led

град

monsun

мусонны вецер

poplava

прыліў

led

лёд

januar

студзень

februar

люты

mart

сакавік

april

красавік

maj

май

juni

чэрвень

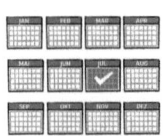

juli

ліпень

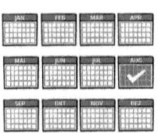

avgust

жнівень

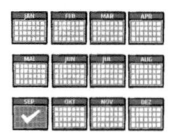

septembar
....
верасень

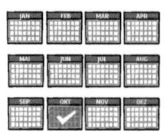

oktobar
....
кастрычнік

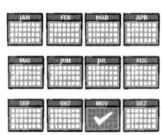

novembar
....
лістапад

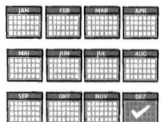

decembar
....
снежань

krug
....
круг

kvadrat
....
квадрат

pravougao
....
прамавугольнік

trougao
....
трохвугольнік

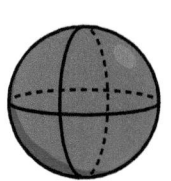

kugla
....
шар

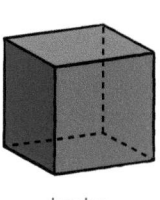

kocka
....
куб

bjel

белы

žut

жоўты

narandžast

аранжавы

pink

ружовы

crven

чырвоны

ljubičast

фіялетавы

plav

сіні

zelen

зялёны

smeđ

карычневы

siv

шэры

crn

чорны

malo / mnogo

шмат / мала

ljutit / miran

злы / добры

lijep / ružan

прыгожы / брыдкі

početak / kraj

пачатак / канец

veliki / mali

высокі / малы

svijetlo / tamno

светлы / цёмны

brat / sestra

сястра / брат

čist / prljav

чысты / брудны

potpun / nepotpun

поўны / няпоўны

dan / noć

дзень / ноч

mrtav / živ

мёртвы / жывы

široko / usko

шырокі / вузкі

ukusno / neukusno

ядомы / неядомы

zao / prijatan

злы / добры

uzbuđen / dosadan

узбуджаны / нудны

debeo / mršav

тоўсты / тонкі

najprije / najkasnije

першы / апошні

prijatelj / neprijatelj

сябар / вораг

pun / prazan

поўны / пусты

trvd / mekan

цвёрды / мяккі

težak / lagan

важкі / лёгкі

glad / žeđ

голад / смага

bolestan / zdrav

хворы / здаровы

ilegalan / legalan

нелегальны / легальны

inteligentan / glup

разумны / дурны

lijevo / desno

левы / правы

blizu / daleko

побач / далёка

nov / polovan
〰〰〰〰〰
овы / былы ва ўжыванні

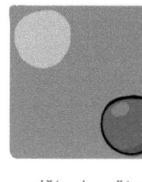

ništa / nešto
〰〰〰〰〰
нічога / нешта

star / mlad
〰〰〰〰〰
стары / малады

uključeno / isključeno
〰〰〰〰〰
укл / выкл

otvoreno / zatvoreno
〰〰〰〰〰
адчынены / зачынены

tiho / glasno
〰〰〰〰〰
ціхі / гучны

bogat / siromašan
〰〰〰〰〰
багаты / бедны

tačno / pogrešno
〰〰〰〰〰
правільна / няправільна

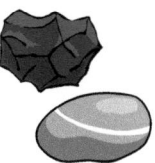

hrapav / glatak
〰〰〰〰〰
шурпаты / гладкі

tužan / srećan
〰〰〰〰〰
сумны / шчаслівы

kratak / dug
〰〰〰〰〰
кароткі / доўгі

spor / brz
〰〰〰〰〰
павольны / хуткі

mokro / suho
〰〰〰〰〰
вільготны / сухі

toplo / hladno
〰〰〰〰〰
цёплы / халаднаваты

rat / mir
〰〰〰〰〰
вайна / мір

0	**1**	**2**
nula	jedan	dva
нуль	адзін	два

3	**4**	**5**
tri	četiri	pet
тры	чатыры	пяць

6	**7**	**8**
šest	sedam	osam
шэсць	сем	восем

9	**10**	**11**
devet	deset	jedanaest
дзевяць	дзесяць	адзінаццаць

12

dvanaest

дванаццаць

13

trinaest

трынаццаць

14

četrnaest

чатырнаццаць

15

petnaest

пятнаццаць

16

šesnaest

шаснаццаць

17

sedamnaest

сямнаццаць

18

osamnaest

васямнаццаць

19

devetnaest

дзевятнаццаць

20

dvadeset

дваццаць

100

sto

сто

1.000

hiljada

тысяча

1.000.000

milion

мільён

engleski

англійская

američki engleski

англійская (Амерыка)

kinesko mandarinski

кітайская мандарынская

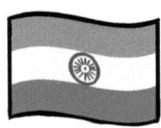

hindi

хіндзі

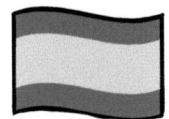

španski

іспанская

francuski

французская

arapski

арабская

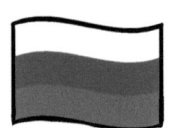

ruski

руская

portugalski

партугальская

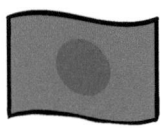

bengalski

бенгальская

njemački

нямецкая

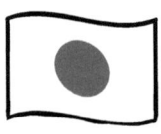

japanski

японская

ja

я

ti

ты

on / ona / ono

ён / яна / яно

mi

мы

vi

вы

oni

яны

ko?

хто?

šta?

што?

kako?

як?

gdje?

дзе?

kada?

калі?

ime

імя

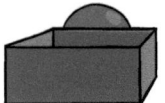

iza

за

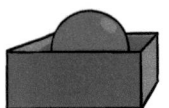

u

у

pred

перад

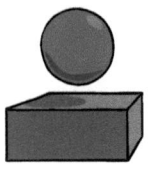

iznad

над

na

на

ispod

пад

pored

каля

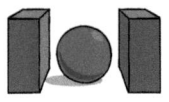

između

паміж

mjesto

месца